Las diverti[...] fiestas de China

por Anne Sibley O'Brien

PHOTOGRAPHY CREDITS: Cover ©Jon Arnold Images Ltd/Alamy; 1 ©Getty Images; 2 ©Getty Images; 3 ©Getty Images; 4 ©Gunter Marx/Alamy; 5 ©Guang Niu/Staff/Getty Images; 6 ©ChinaFotoPress/Getty Images; 7 ©Feng Li/Getty Images; 8 (t) ©Tina Manley/Alamy; 8 (b) ©TAO Images Limited/Getty Images; 9 ©Getty Images, (inset) ©Getty Images; 10 ©Getty Images.

Printed in Mexico

ISBN: 978-0-544-17194-7

3 4 5 6 7 8 9 10 0908 22 21 20 19 18 17 16

4500596896 A B C D E F G

Introducción

En todo el mundo, a las personas les encanta celebrar.
En China, las personas celebran las festividades igual que nosotros.
Celebran muchas fiestas durante el año.
¡Se reúnen en familia para compartir comidas especiales y divertirse!

La Fiesta de la Primavera

En esta fiesta, se celebra la llegada del nuevo año con fuegos artificiales. Los familiares vienen de lejos para reunirse. Hay personas que compran ropa nueva para reemplazar lo que está viejo y gastado. Y los niños están alegres. Cada uno recibe un valioso sobre rojo. ¡Hay dinero dentro!

En las festividades, se sirve una comida envuelta en masa llamada *dumplings*.

El primer día del año, todos
pueden ir al Desfile del Dragón.
El largo dragón se pasea por
toda la calle.
Dentro del cuerpo del dragón,
hay más de una persona **oculta**.
¿Cuántas ves?

La Fiesta de la Claridad Pura

Esta fiesta se celebra con un encantador clima primaveral. Se puede hacer un picnic a la hora del almuerzo. En esta fecha, las familias honran a familiares que han muerto.

Durante esta fiesta, el cielo se llena de cometas.

¡En China, las personas hacen volar cometas desde hace tres mil años!

El Festival de los Botes Dragón

El Festival de los Botes Dragón se realiza en verano.

En ríos y lagos de toda China, hay carreras donde compiten cientos de botes.

Cada bote tiene un líder con una única tarea: tocar un tambor durante la carrera.

Por la noche, los botes dragón
desfilan por el agua.
Alrededor de los botes
flotan linternas.
¡Es un hermoso espectáculo!

La Fiesta del Pastel de Luna

Las familias se reúnen para celebrar esta fiesta en otoño, cuando hay una radiante luna llena.

Personas de todas las edades comen frutos y pasteles redondos en honor a la Luna.

Por la noche, las personas encienden velas.

Los niños pueden observar el cielo para hallar la forma de un conejo en la Luna.

Las personas están contentas mientras observan la brillante luz de la Luna.

¡Esperan con ansias la siguiente fiesta!

Responder

VOCABULARIO CLAVE Formar palabras

Haz una red de palabras alrededor de la palabra brillante. ¿Qué otras palabras significan lo mismo?

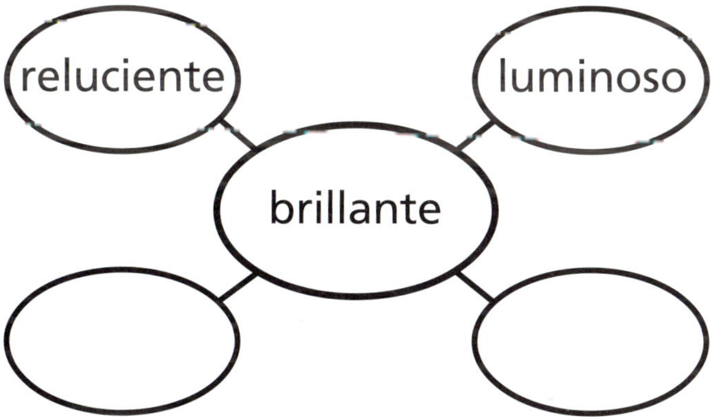

¡A escribir!

El texto y tú ¿Alguna vez celebraste una festividad? Escribe una o dos oraciones para contar qué ocurrió. Usa palabras de Formar palabras.

VOCABULARIO CLAVE

alegre	ocultar
brillante	servir
contento	tarea
gastado	valioso

ESTRATEGIA CLAVE Analizar/Evaluar

Di qué piensas sobre el texto y por qué.

Acertijo ¿Qué palabra del vocabulario termina con el nombre de un animal?